SEJA FELIZ COMO SEU GATO

BIRGIT ADAM

SEJA FELIZ COMO SEU GATO

MANHAS E ARTIMANHAS FELINAS PARA
VOCÊ USAR NO SEU DIA A DIA

Tradução:
SAULO KRIEGER

Editora
Pensamento
SÃO PAULO

Título original: *Werde glücklich wie deine Katze.*

Copyright © 2007 Lüchow Verlag.

Todos os direitos reservados. Nenhuma parte deste livro pode ser reproduzida ou usada de qualquer forma ou por qualquer meio, eletrônico ou mecânico, inclusive fotocópias, gravações ou sistema de armazenamento em banco de dados, sem permissão por escrito, exceto nos casos de trechos curtos citados em resenhas críticas ou artigos de revistas.

A Editora Pensamento-Cultrix Ltda. não se responsabiliza por eventuais mudanças ocorridas nos endereços convencionais ou eletrônicos citados neste livro.

Ilustrações: Roberto Neko

Coordenação Editorial: Denise de C. Rocha Delela e Roseli de Sousa Ferraz

Preparação de Texto: Denise de C. Rocha Delela

Revisão: Indiara Faria Kayo

Diagramação: Macquete Produções Gráficas

Dados Internacionais de Catalogação na Publicação (CIP)
(Câmara Brasileira do Livro, SP, Brasil)

Adam, Birgit
  Seja feliz como seu gato : manhas e artimanhas felinas para
você usar no seu dia a dia / Birgit Adam ; [ilustrações Roberto Neko ;
tradutor Saulo Krieger]. -- São Paulo : Pensamento, 2011.

  Título original: Werde glücklich wie deine Katze.
  ISBN 978-85-315-1751-8

  1. Afeto 2. Amizade 3. Amor 4. Felicidade 5. Gatos - Hábitos e
comportamento 6. Relação homem-animal I. Neko, Roberto. II. Título.

11-08223	CDD-158

Índices para catálogo sistemático:
1. Gatos e homens : Ligação : Psicologia aplicada 158
2. Homens e gatos : Ligação : Psicologia aplicada 158

O primeiro número à esquerda indica a edição, ou reedição, desta obra. A primeira dezena à direita indica o ano em que esta edição, ou reedição, foi publicada.

Edição	Ano
1-2-3-4-5-6-7-8	· 11-12-13-14-15-16

Direitos de tradução para a língua portuguesa
adquiridos com exclusividade pela
EDITORA PENSAMENTO-CULTRIX LTDA.
Rua Dr. Mário Vicente, 368 — 04270-000 — São Paulo, SP
Fone: 2066-9000 — Fax: 2066-9008
E-mail: atendimento@pensamento-cultrix.com.br
http://www.pensamento-cultrix.com.br
que se reserva a propriedade literária desta tradução.
Foi feito o depósito legal.

Para Félix, meu pequeno professor de quatro patas.

Sumário

Do banho de gato à hora das carícias:
cuide do seu corpo e da sua alma! 11
Não tenha pressa 12
Saia da rotina 14
Descubra o lado divertido da vida 16
Pegue leve consigo mesmo 18
Analise regularmente a sua vida 20
Comece o dia lentamente 22
Banho de gato? não! 24
Desfrute da sua liberdade 26
Reserve um tempo para namorar 28
Relaxe fazendo yoga 30
Sinta cada músculo se alongando 32
Faça uma pausa 34
Ronronar — e por que não? 36
Leve uma vida saudável — como o seu gato. 38

**Os gatos e seus donos:
como cultivar amizades e o amor!**....... 41
Hora do chamego...................... 42
Amigos trocam presentinhos 44
Demonstre o seu afeto................. 46
Siga o seu coração 48
Escolha bem os amigos 50
Em caso de necessidade, procure os amigos 52
Ninguém é uma ilha (nem mesmo um gato) . 54
Pergunte ao doutor Félix 56

A qualquer momento o rato sai da toca:
aí você está feito!...................... 59
Concentração total..................... 60
Sem ruídos nem rodeios................ 62
Não é não.............................. 64
Não perca de vista o seu objetivo........ 66
Abra-se para o novo.................... 68
Amplie seus horizontes.................. 70
Ouse saltar para o desconhecido......... 72
Sempre o "Número 1"!................... 74
Faça o que tem vontade................. 76
Caia sempre de pé...................... 78
Busque alternativas..................... 80
Estabeleça prioridades.................. 82
Varie o cardápio........................ 84
Ouça a intuição........................ 86
Fique sempre de olho................... 88
Nunca perca a curiosidade.............. 90
Mostre as garras....................... 92
Não guarde rancor..................... 94
Seja simplesmente você mesmo.......... 96
Parta para a ação...................... 98
Não deixe que o prendam numa coleira.... 100

Do banho de gato à hora das carícias: cuide do seu corpo e da sua alma!

Um gato fazendo esteira? Gato que malha na academia? Não, o lema de Félix é o seguinte: sempre na boa! É claro que o meu gato também pode ser bastante rápido — mas isso quando ele quer, quando o cachorro do vizinho resolve correr atrás dele ou quando um rato passa correndo na sua frente. Mas de um modo geral Félix prefere ficar no sossego. Sem nenhum esforço e nenhuma pressa desnecessária. Nem lhe passa pela cabeça correr, se ele pode caminhar num passo confortável, e jamais um gato faz duas coisas ao mesmo tempo. Não admira que ele não se deixe estressar assim tão fácil, como eu.

Não tenha pressa

De vez em quando Félix dá sinais de estar cheio de mim — cansado até o último fio do bigode — e da pressa com que invado a casa "dele". De fato é muito ruim quando apareço vociferando com o aspirador de pó, mesmo sabendo que Félix odeia aquele barulho tanto quanto odeia uma visita ao veterinário. Mas logo o meu querido gatinho encontra uma solução e se mete dentro do guarda-roupa — seu lugar preferido, quando ele quer ficar um tempo sem ver nem ouvir ninguém. Agora eu me pergunto... Por que eu não tenho um lugar assim, para me recolher em um dia estressante demais?

Saia da rotina

Um belo dia chego em casa do trabalho, abro a porta e tenho uma bela surpresa: nada de Félix, que normalmente já teria ouvido meus passos e se posto atrás da porta, esperando. Começo a chamar: "Félix, Mamãe está de volta!" Nem sinal. Começo a procurar o meu gatinho pela casa toda: sala de estar, quartos, cozinha, banheiro... — nada. Onde ele teria se enfiado? Não poderia ter se esgueirado para fora, já que todas as portas e janelas estavam fechadas. E faço mais uma busca. De repente, vindo do quarto de hóspedes ouço um ronronar bem sonoro. Mais uma vez dou uma olhada na cama daquele quarto, onde estão meus numerosos bichos de pelúcia. E o que vejo? Entre um hipopótamo e um ursinho sobressaía, quase imperceptível, aquela cabeça de gato que me era tão conhecida. Só se denunciou pelo ronronar. "Ah, então você está aí, espertinho?!" Félix percebeu que tinha sido descoberto, deixou seu "esconderijo" e veio comigo até a cozinha, para receber o merecido jantar. A verdade é que para ele sempre é hora de receber um agrado!

Descubra o lado divertido da vida

Gatos são verdadeiros mestres em recompensar a si próprios. O motivo pelo qual Félix tem de recompensar a si mesmo não é muito claro para mim, já que ele passa o dia inteiro sem fazer muita coisa que não seja se refestelar no sofá e, vez ou outra, se levantar e ensaiar uns passinhos. Mas mesmo assim ele gosta de proporcionar para si algo de bom — por exemplo, a atenção que ele diariamente dedica aos cuidados corporais. Nenhuma manchinha na pelagem passa despercebida à sua língua áspera: ele faz contorcionismos simplesmente inacreditáveis e alcança os ângulos mais ocultos de seu corpo. Depois disso tudo ele dorme — e eu poderia jurar que faz isso com um sorriso nos lábios.

Pegue leve consigo mesmo

Assim como os gatos percebem quando algo está diferente em seu território, regularmente eles verificam se está tudo em ordem — e em se tratando de gatos isso significa: se tudo está como sempre esteve. No caso específico de Félix, entre outras coisas, isso quer dizer a porta do guarda-roupas deve estar aberta, para que ele possa examinar se está tudo "como antes" ou se pode haver um "inimigo" aquartelado ali. Então ele se senta diante do armário e fica ali por um bom tempo, os olhos atentos, até que, de repente, parece perder o interesse. Ele chega à conclusão de que tudo está mesmo como tinha de estar: as mesmas peças de roupa e sapatos, e não há nenhum outro gato que tenha secretamente se intrometido em seus domínios. É do mesmo modo que ele se comporta com as outras portas da casa, que por um ou outro motivo eu possa ter fechado. Evidentemente ele se esquece desse seu desejo tão logo as portas estejam abertas. Faz um inventário, procurando ver se em seu reino tudo se encontra em ordem. Será que também não deveríamos fazer um inventário de nossa vida — das coisas interiores como das exteriores?

Analise regularmente a sua vida

Como você acorda pela manhã? Eu sou daquelas pessoas que têm dificuldade para sair da cama. Sei que é hora de levantar, mas prefiro virar para o lado e dar mais uma cochilada. Minutos mais tarde, de repente me dou conta de que é hora de fazer tudo muito rápido: com medo de me atrasar, pulo rapidamente da cama, vou ao banheiro e me dou (Rápido! Rápido!) um "banho de gato", com toda a pressa empurro o café da manhã goela abaixo e saio de casa correndo. Com Félix já é bem diferente. Ele também desperta lentamente, primeiro ensaiando uma sessão completa de alongamentos, até finalmente sentir seu corpo inteiro desperto. Aquele tal banho de gato em geral lhe toma mais tempo do que a minha ducha, e depois dessa higiene, com toda a calma, ele parte para o seu café da manhã. É claro que um gato não vive sob a mesma pressão que nós, seres humanos, mas mesmo assim podemos aprender algo com Félix: quando começamos o dia de maneira lenta e tranquila, não saímos de casa sob pressão total. Não ficamos estressados tão logo abrimos os olhos, e temos tempo de olhar pela janela e ficar felizes com um novo dia!

Comece o dia lentamente

Os gatos se lavam o tempo todo, num processo que leva muito tempo. Por isso, o conceito de "banho de gato" para uma limpeza rápida e pouco aprofundada é completamente equivocado. Cerca de um terço de seu tempo acordados esses felinos gastam em cuidados corporais, e também para Félix um único "banho" pode levar mais de meia hora. A língua áspera não poupa nenhum ponto de seu corpo: da ponta da cauda até as orelhas, cada parte passa por uma limpeza radical. E quando não consegue chegar a algum ponto sozinho, só com a língua — por exemplo, no caso das orelhas —, ele recorre à ajuda das patas lambendo-as e com elas limpa as orelhas. Esse banho de gato não serve apenas à limpeza — afinal, um gato que vive em casa como Félix não conseguiria juntar tanta sujeira. A limpeza serve também para que ele se livre de influências externas: pode ser um cheiro que lhe é incômodo, por exemplo, quando uma visita vem e lhe acaricia. Quanto a nós, ainda que o nosso olfato não seja tão sensível quanto o de nossos gatos, também ficamos o dia inteiro recebendo influências estranhas, não raro negativas. Então, por que simplesmente não nos lavamos? Com um banho relaxante, por exemplo? Imagine só quantos sentimentos e influências negativas podem se acumular sobre nós ao longo do dia!

Banho de gato? Não!

Nossos vizinhos tinham um gato que sempre desaparecia quando chegava a primavera e os dias se tornavam mais quentes. Na primeira vez eles ficaram apavorados, pensando que algo de ruim tivesse acontecido ao Max. Após o primeiro período de tristeza pela perda do gato tão amado, eles se conformaram e já começavam a pensar em adotar um novo bichano — até que, em fins de setembro, Max apareceu atravessando a portinhola que dava para a rua, feita especialmente para ele.

O mesmo se passou nos anos seguintes: Max sumia na primavera e reaparecia no outono, como se não fosse nada. Estava evidente que durante os meses de calor ele levava uma vida de vagabundo, se alimentava de ratos e pássaros e desfrutava de sua liberdade. Já nos meses frios, ele queria era dormir em uma casa aquecida, com serviço de quarto. Mesmo com todo o conforto que a vida de gato caseiro lhe proporcionava, ele preservava um pouco de sua liberdade. E você, do que é dependente? Será que renunciando a alguns supérfluos você não readquire um pouco da sua liberdade?

Desfrute da sua liberdade

€m intervalos regulares, Félix é acometido pelo que em nossa família chamamos de "ataque de carência". Isso significa: ele quer, naquele momento, se sentar no meu colo e ser acariciado. Na maioria das vezes ele consegue conciliar bastante bem suas crises de carência com minhas ocupações cotidianas. Por exemplo, ele conhece o barulho de meu computador ao ser ligado e deduz: "Bem, agora ela se sentou em frente ao computador e vai ficar um bom tempo ali — então, nada de colo!" E às vezes também eu tenho coisas para fazer, coisas que me mantêm em movimento, por exemplo, limpar ou arrumar a casa. Então Félix deixa bem claro que ele precisa de carícias urgentemente: entra e sai ronronando por entre minhas pernas, e tenta me empurrar sutilmente na direção da almofada em que ele gosta de se refestelar. Ele, a bem dizer, exige meus agrados, e para tanto não se intimida, como acontece com as pessoas. Certo, entre nós não é assim tão fácil cobrar carinhos de outra pessoa, sobretudo quando se é solteiro. Mas podemos nos mimar de outras maneiras — podemos fazer afagos e coisas boas à nossa alma: tomar um banho quente, assistir a uma comédia romântica, relaxar tomando um banho de sol, etc.

Reserve um tempo
para namorar

Como todos sabem, o yoga se originou na Índia. Pelo menos é essa a versão oficial. Mas quem tem um gato pode dizer melhor: foram os gatos que descobriram o yoga — e fizeram isso supostamente em uma época na qual ainda não havia ser humano sobre a terra. Quando me pego vendo os contorcionismos que Félix faz para se higienizar, fica muito evidente o modo como, com o passar dos séculos, os gatos aperfeiçoaram a arte do yoga. Eles se encontram tão à frente de nós, seres humanos, que eu não poderia alcançar o meu gato nem se praticasse durante anos a fio. Em todo o caso, eu posso tê-lo como exemplo: assim como um gato pratica diariamente seus exercícios de yoga, eu também, dia após dia, devo fazer algo pelo meu corpo. Afinal, para mim, que trabalho sentada diante de um computador, esse saudável equilíbrio deve ser ainda mais necessário do que é para um gato.

Relaxe fazendo yoga

Os gatos não só descobriram o yoga, como também foram pioneiros no alongamento. Ao acordar eles esticam cada músculo do corpo e assim ficam em forma para enfrentar o dia. Também Félix não economiza tempo para fazer seus alongamentos e distender seus músculos ao acordar de uma soneca. Com isso o seu corpo se mantém flexível e pronto para a caçada — para o caso de haver um rato perdido pela casa. E agora eu me pergunto: por que me falta motivação para incorporar esses pequenos exercícios físicos ao meu dia a dia?

Sinta cada músculo se alongando

Um gato dorme cerca de 16 horas por dia — e Félix não é exceção. Ele se aninha na almofada preferida e dorme tão contínua e profundamente que não se deixaria perturbar por nada. Não importa se eu passo por ele ou faço ruídos — ele dorme o sono dos deuses. Outras vezes, e são frequentes, o seu sono é mais superficial, e ele reage a todo e qualquer barulho, por menor que seja — sobretudo quando a porta da geladeira "por acaso" se abre. Uma vez que em todo caso ele está meio acordado, Félix fica bem atento e a par do que está acontecendo. Nada escapa à sua atenção: "Mamãe tirou do armário a tábua de carne? Vamos ver se tem algo pra mim... Passos na escada? Vamos correr até a porta, talvez tenhamos visitas! Na soleira da janela pousou um pássaro? Preciso ver isso mais de perto — ah, se não fosse essa vidraça!" Em todo caso, Félix conhece a justa medida entre a tensão e o relaxamento de que seu corpo precisa para ter um pleno rendimento. Já eu muitas vezes me obrigo a continuar fazendo alguma coisa, mesmo com meu corpo e meu cérebro dizendo que eu preciso de uma pausa imediatamente — e depois ainda me pergunto por que não consigo me concentrar no trabalho e cometo tantos erros.

Faça uma pausa

Os gatos são os únicos animais que ronronam — de um modo geral fazem isso quando se sentem bem e estão extremamente satisfeitos. Mas os gatos ronronam também por medo — supõe-se que façam isso para se acalmar e transformar o medo em uma disposição de ânimo mais positiva. Félix sempre ronrona quando está no meu colo e é acariciado por mim. É como se ligasse um motor. E também ao dormir ele começa a ronronar — que sonho agradável não deve estar tendo?! Cientistas americanos descobriram algo ainda bem diferente: a frequência do ronronar estimula seus órgãos internos e impede o enfraquecimento dos ossos. Portanto, quando um gato se sente bem e ronrona, ele faz algo bom para a sua saúde — tão simples! E agora eu me pergunto por que eu não faço mais vezes algo que seria assim tão benéfico para meu equilíbrio e bem-estar? Mesmo não se tratando de fortalecer ossos e órgãos, é certo e seguro que exercerá um efeito positivo em meu estado de ânimo. E você, quando ronronou pela última vez?

Ronronar — e por que não?

𝒟iga honestamente: Você leva uma vida saudável? Procura ter uma alimentação balanceada? Você se permite horas de sono e um pouco de descanso? Você se exercita o suficiente? Quando eu me vejo com esses olhos, percebo que ainda posso melhorar muito. É frequente eu colocar algo pronto no micro-ondas e comer rapidamente recostada à porta. Passo a jornada de trabalho inteira sentada diante do computador; o único movimento que faço nessas oito horas — ou mais — é caminhar até a máquina de café. São raras as vezes em que tenho oito horas de sono, e falta-me tempo para uma pausa de alguns minutos no meio do dia. Já Félix leva uma vida bastante saudável: ele come sossegado, e só até se sentir satisfeito. Ele não desconta na comida o seu tédio ou a sua frustração. Ele dorme e relaxa — mais exatamente, em dois terços de seu dia. No tempo restante, ele se movimenta na medida necessária, quando dá uma corrida fulminante ou quando sai à caça de um ratinho de brinquedo. Gatos sabem como viver de maneira saudável — sem ter de ler aqueles livros dos mestres das dietas, sem gastar com academias de ginástica, nem correr atrás do guru da moda. É tão simples levar uma vida saudável!

Leve uma vida saudável — como o seu gato

Os gatos e seus donos: como cultivar amizades e o amor!

Félix gosta muito de receber carinhos. Quando eu me sento no computador ou diante da TV, ele pula no meu colo e se aninha ali. Eu tenho de lhe fazer muito carinho e enchê-lo de mimos — bem entendido: ele permite que eu faça. E de modo muito sutil ele vai indicando qual parte do corpo virá em seguida. Começo nas costas, e depois de algum tempo Félix rola para o lado e fica de barriga pra cima. Então é essa parte que deve ser intensamente acariciada. Também debaixo do queixo o meu gato quer que eu o encha de mimos. Por isso ele estende a cabecinha para trás, para que eu alcance essa parte do corpo de acesso mais difícil. Nenhum sinal de obrigação ou cobrança; é um amor que nada custa e nada cobra. Félix simplesmente recebe o afeto que eu lhe dou — pois ele tem certeza absoluta de merecê-lo.

Hora do chamego

Algum tempo atrás aconteceu algo interessante: eu estava ainda meio sonolenta, quando ouvi um ronronar sonoro vindo bem na minha direção. "O que quer esse gato agora?", pensei, abrindo os olhos contra a minha vontade — e minha vontade era fechá-los de novo o quanto antes. Do meu lado, no criado-mudo, deparei com um "presente" bem peculiar: um rato, um rato morto, mortinho da silva! Nem de longe tinha sido a primeira vez: eu já tinha encontrado pássaros mortos diante da porta do meu quarto e uma lagartixa na cozinha. Como eu sabia que os gatos dão presentes para os donos, Félix não foi punido por esses atos, e sim elogiado — por mais difícil que tenha sido para mim. "Obrigado, gatinho, pelo presente!" Como recompensa ele recebeu algo especialmente gostoso para se deliciar. Moral da história? É incrível como os gatos, esses animais tão egocêntricos, também podem ser generosos e trazer presentes aos que amam.

Amigos trocam presentinhos

Félix não conhece muitas maneiras de mostrar afeição. Uma delas, a mais óbvia, é ficar perto de mim e mostrar satisfação ao deitar em meu colo, deixar-se acariciar e ronronar baixinho, feliz e satisfeito. Mas ainda assim há uma série de possibilidades: quando chego em casa do trabalho, geralmente ele está me esperando junto à porta e fricciona a cabecinha na minha perna, como forma de saudação. É desse modo que os gatos se cumprimentam: "Olá, que bom que você voltou! Senti tanto a sua falta!" Então ele ganha o seu jantar e cutuca a minha mão com a cabecinha como quem diz "obrigado!" São os modos pelos quais Félix está sempre manifestando a sua afeição. Ele não hesita nem se constrange; do seu jeito vive me dizendo "amo você!" Não devíamos também nós, seres humanos, agir assim com as pessoas que amamos?

Demonstre o seu afeto

Alguns de meus amigos não têm gato. Não são aficionados por gatos. E eis que em um belo dia de verão apareceu no jardim da casa deles um gato ruivo, que "morava" algumas ruas adiante. Meus amigos passaram a lhe dar comida de vez em quando, só não o deixavam entrar em casa. Porém Victor, o gatinho, não baixava a guarda: quando pela manhã meus amigos abriam a persiana, lá estava ele de prontidão no terraço. Chegavam em casa do trabalho, e ali estava ele esperando impacientemente em frente à porta. E quando nos fins de semana trabalhavam no jardim, ou simplesmente ficavam tomando sol, Victor estava lá, sempre por perto. Não demorou muito, Victor já estava entrando e saindo de casa, dormindo no sofá e se aninhando na frente da televisão, junto da nova família. Nossos amigos foram obrigados a procurar os donos de Victor para lhes comunicar que não se tratava de um "sequestro de gato" e que eles tinham apenas acolhido o bichano. Felizmente os donos se mostraram compreensivos: Victor tinha encontrado o seu lugar na vida e se apegado a ele com uma persistência tipicamente felina. E nós? Não é verdade que com frequência insistimos em uma situação de vida que não nos faz realmente felizes? Não deveríamos simplesmente fazer o mesmo que Victor e seguir o nosso coração?

Siga o seu coração

Observe as pessoas com quem convive — o que você vê? Com certeza alguns muito bons amigos, que o acompanham a vida inteira e que poderiam tê-lo abandonado em algum momento difícil, mas não o fizeram. Familiares e grandes amigos certamente pertencem a esse grupo. No entanto, nesse círculo há também algumas pessoas com quem você já não tem muita coisa em comum: colegas e conhecidos com os quais, à medida que o tempo passa, você vai se identificando cada vez menos, ou pessoas com quem você só se relaciona porque "é obrigado" – seja por motivos de trabalho ou porque é sua sogra. Félix não perderia muito tempo com essas pessoas. Ele só se entrega a quem ele realmente quer se entregar. Os "chupins", pessoas que roubam nosso tempo, que só querem a atenção e a ajuda alheias, enquanto elas próprias jamais dispõem de tempo para uma relação de amizade, não teriam chance com Félix. Ele jamais tem aquela sensação de que deve dar um pouco de seu tempo a determinadas pessoas — se ele tem algum tempo, ele simplesmente o concede. Certo, convenhamos que entre seres humanos cortar definitivamente as relações às vezes não é possível; mas não haveria meios de reduzir à mera cortesia o relacionamento com alguém que nada nos acrescenta de bom?

Escolha bem os amigos

Gatos são conhecidos por seu individualismo e defendem seu território com unhas e dentes. É bem o caso de Félix, que está sempre às turras com o seu vizinho Max, gato gigante de pelagem ruiva. Qual não foi o meu espanto quando certo dia eu chego ao jardim e me deparo com o seguinte quadro: Félix deitado em uma espreguiçadeira, num sono profundo, e Max a três metros dali, à sombra de um pinheiro, parecendo sonhar com o paraíso dos gatos. O que estaria acontecendo? Minha curiosidade logo foi satisfeita: nossos vizinhos estavam recebendo visitas, que haviam trazido um cão que latia sem parar. Por isso Max fora expulso de seu jardim, e veio até nós em fuga. Félix deve ter percebido a sua necessidade e concedeu asilo ao rival. Em face de um inimigo mais poderoso, é mais vantajoso superar as diferenças e se unir em solidariedade!

Em caso de necessidade, procure os amigos

As pessoas estão sempre dizendo que os gatos são individualistas. Isso é uma meia-verdade. Em nossas viagens de férias pela Itália ou pela Grécia chegamos a ver gatos selvagens vivendo em grupo, pois eles sabem que desse modo a sobrevivência é mais fácil. Do mesmo modo, entre nossos gatos domésticos eventualmente há "encontros de gatos", nos quais eles simplesmente ficam juntos e desfrutam da vida em sociedade (pode-se até imaginar que entre eles rola o maior ti-ti-ti).

As gatas frequentemente se ajudam confiando umas às outras a sua prole. Quando a mãe vai à caça ou sai atrás de comida, uma "tia" fica encarregada de supervisionar os pequenos. Bem, se Félix toma parte desses encontros noturnos eu não sei. Mas já faz algum tempo, ele teve um amiguinho com quem perambulava pelos jardins de nossos vizinhos. Seja como for, os gatos sabem que precisam tanto de solidão como de companhia. Sabem que o tempo para a introspecção e para estar sozinho é tão importante quanto o tempo para brincadeiras e divertimentos compartilhados. Nem fogem da solidão nem se entregam a uma agitação febril, justamente para não ter de ficar a sós consigo mesmos. Gatos sabem que devem valorizar a sua própria companhia. Pensando bem, pode haver companhia melhor do que a sua própria?

Ninguém é uma ilha
(nem mesmo um gato)

Os gatos parecem ter um sétimo sentido quando se trata de perceber que há algo de errado com seus donos. No caso de uma dor de barriga, por exemplo, ele vai direto ao local, massageia com suas patinhas e funciona como uma bolsa térmica bem peluda. Se estou mal, de cama, com gripe, ele próprio toma a iniciativa de se afastar — pois não fosse isso ele ficaria o tempo todo no meu colo. Nesse caso Félix se mantém sempre por perto e não me perde de vista, mas parece entender que não posso ficar horas à disposição, acariciando-o. Além disso, ele se abstém de exigências relacionadas à comida e a ter de sair à rua. "Agora a mamãe precisa descansar um pouco", é o que ele pensa muitas vezes, e se põe a dormir todo enrolado no tapete junto à minha cama. Que antena boa tem um gato para os sentimentos e suscetibilidades alheias!

Pergunte ao doutor Félix

A qualquer momento o rato sai da toca: aí você está feito!

Félix está sentado diante da toca do rato. Já está horas ali e não se mexe. Está parado, olhando concentrado aquele buraco, para o qual o ratinho pode escapulir a qualquer momento. Nada nem ninguém consegue atrapalhá-lo, até que finalmente o rato chega de volta à sua toca. "Félix!", grito para ele, "mamãe chegou!" Ele desvia o olhar por um breve instante, e não mais do que isso. "Você não vê que estou ocupado?", é o que gostaria de dizer. Ele não se deixa desviar de sua proposta por insignificâncias, e está cem por cento concentrado no que faz. Seu pensamento não viaja até o dia seguinte ou na gatinha da casa ao lado, mas se mantém, sim, total e integralmente voltado para o rato. E daí? Daí que quando menos se espera ele pega o rato — é essencialmente a sua concentração naquele momento preciso que lhe proporciona o sucesso.

Concentração total

A comunicação humana é notoriamente cheia de equívocos: sabe-se que homens e mulheres não conseguem se entender, e muitas vezes fazemos longos rodeios em vez de dizer, de maneira clara e concisa, o que pretendemos. Na maior parte do tempo os gatos se comunicam entre si com sua linguagem corporal, e seu entendimento se dá num nível de excelência. O típico "miau" serve sobretudo para se fazerem entender com os humanos de seu convívio. Após quase 20 anos de experiência com gatos, venho compreendendo bastante bem o que significam os diferentes "miaus", quando Félix vem cobrar "quero comida, estou com fome" e quando quer dizer "amo você — vamos ficar juntinhos!" Com isso, equívocos dificilmente são possíveis, e Félix ganha o que ele quer. Por que não podemos nos expressar de maneira tão clara e nítida como nossos bichanos?

Sem ruídos nem rodeios

Félix não costuma ter oscilações de humor. Ele se mostra equilibrado e quase sempre de bom humor. Eu posso acariciá-lo quando sinto vontade, e me aconchegar nele, quando ele precisa. Mas tem uma coisa de que ele não gosta de jeito nenhum: que o tiremos do chão e o peguemos nos braços como um bebê. Isso nos faz pensar: esse gato confiado, que se pudesse ficaria o dia inteiro no meu colo, não quer que eu o pegue nos braços e o carregue! Basta que alguém o levante, e Félix começa a se contrair, a se contorcer e me diz claramente: "Não gosto disto! Deixe-me descer!" Ele pode simplesmente dizer "não" e comunicar-me que não se sente bem nessa situação. Já eu, quantas vezes tenho de fazer de conta que está tudo bem, permitir coisas e situações que na verdade me deixam contrariada, só porque tenho medo de pisar nos calos de alguém? Para essas situações o que devo fazer é seguir o exemplo de Félix, que mostra que também somos amados quando volta e meia dizemos "não".

Não é não

Ainda que recebam sua ração pontualmente, volta e meia os gatos têm ataques de fome — como, aliás, nós seres humanos. Quando isso acontece eles precisam devorar alguma coisa o quanto antes! Não importa se estou no trabalho, no telefone com uma amiga, ou assistindo a um filme de suspense na TV: Félix deixa bem claro que ele precisa ali, naquele momento, comer alguma coisa. De início o que ele faz é se sentar diante de mim. Se eu o empurro suavemente para o lado, um segundo depois ele está lá de novo — sabe o que fazer para que eu o veja e saiba do que ele precisa. Se mesmo assim eu o ignorar, ele lança mão de um plano B: um miado sonoro e queixoso, que tem o dom me despedaçar o coração. Quando nem isso funciona, ele decide pegar pesado: Félix sabe que existe um lugar na casa que absolutamente não é o seu lugar: a cômoda, onde ficam o telefone e o aparelho de fax. E ele sabe perfeitamente bem que recebe a atenção desejada sempre que pula para cima da cômoda. Um pequeno salto, e lá está ele! De fato: eu digo "não, Félix", trago-o de volta para o chão, e já que estou de pé mesmo, vou logo lhe dando a sua ração (finalmente!). Sua persistência fez com que atingisse o seu objetivo. Já eu, quantas vezes não desisto na primeira tentativa, quando não chego logo de cara ao resultado desejado?

Não perca de vista o seu objetivo

Gatos conhecem bem o seu território. Logo notam quando um objeto não está no lugar de costume ou quando temos uma nova peça na mobília. E é claro que logo se põem a pensar no que teria acontecido e no motivo por que a ordem habitual estaria tão alterada. Há duas semanas eu comprei um aparelho de DVD. Cheguei da loja e coloquei a caixa com o aparelho no meio da sala de estar. Não passou nem um minuto e chegou Félix. Ele caminhou direto para a caixa e começou a cheirá-la de todos os lados. O que seria aquilo? O que era aquele objeto marrom no meio do seu território? Seria perigoso? Seria sinal de outro gato? Não... O objeto parece inofensivo! Não tem em si nenhum cheiro inimigo, ele não se mexe nem tem nada que seja muito surpreendente. Félix se tranquiliza e agora já se dedica integralmente a me dizer olá. Tamanha é a curiosidade dos gatos, até mesmo para as pequenas coisas!

Abra-se para o novo

Félix tem em casa uma série de lugares junto à janela, dos quais ele pode observar a rua. Mandei ampliar as soleiras, para que ele pudesse ficar mais confortável. E ele gosta de sentar ali e observar as pessoas que vão e vêm pela rua, ou os gatos na janela da casa que fica logo em frente. Como eu sempre digo, ele vê longe. Mesmo nas épocas em que não sai de casa e não se engalfinha com nenhum outro gato, ele se interessa pelo que se passa fora do seu pedaço. Pela vidraça ele olha o vasto mundo a partir do seu cantinho, e com isso se inteira do que está acontecendo no mundo dos felinos. Quando um pássaro se põe diante dele na canaleta do telhado, ele ronrona cheio de entusiasmo. E segue com os olhos a movimentação até o fim da rua. E quando as crianças da casa em frente o veem e o cumprimentam alegremente, do lado de cá da vidraça ele as olha com atenção. Também nós devemos olhar para além do nosso círculo imediato e ampliar nossos horizontes!

Amplie seus horizontes

Quando ainda morava com Félix em uma casa geminada, certa vez eu estava na varanda do primeiro andar e o vi passeando pelo jardim. Gritei para ele lá de cima: "Oi, Félix, tá indo pra onde?". Ele me ouviu, olhou pra mim lá de baixo, e em vez de simplesmente passar pela porta aberta que conduzia ao terraço e entrar em casa, correu direto na direção da varanda. Um pulo, uma breve aterrissagem nas pérgulas, e lá estava ele diante de mim no parapeito da varanda. Tudo aconteceu tão rápido que eu quase nem tive tempo de pensar a respeito — de pensar se ele conseguiria dar aquele salto. E o próprio Félix, como era óbvio, não pareceu ter pensado muito: ele simplesmente pulou. Também se poderia dizer: ele queria alcançar alguma coisa e simplesmente tentou. E quantas vezes nós, ao contrário, hesitamos diante de grandes tarefas — pelo simples fato de ter medo de não conseguir? Não deveríamos também nós ousar dar o pulo do gato?

Ouse saltar para o desconhecido

Tem uma coisa que Félix não suporta: quando eu o ignoro. Isso fica especialmente claro quando eu espalho um mapa, um jornal ou algo semelhante no chão ou na escrivaninha, e passo a estudá-lo. Antes de mais nada, Félix fica olhando o que se passa naquele que considera o seu pedaço. E então ele pula no meio. Para ler ou analisar uma rota de viagem? Acho que não. Certa vez eu estava com três pilhas de papéis, colocadas no chão uma ao lado da outra. Eu folheava alternadamente as páginas, para em seguida compará-la com a sua variante na outra pilha — e Félix também começou a caminhar alternadamente, passando de uma pilha a outra. Trabalho? Nem pensar. Tratava-se, simplesmente, de algum novo, intrigante, jogo de gato. O que Félix estaria querendo dizer com aquilo? Em primeiro lugar, que o que se tinha ali era o seu jornal, o seu mapa e o seu manuscrito. Mas também, é claro, ele queria dizer que era o Número 1 e queria ser considerado como tal, e naquele momento! Ele é mais importante do que qualquer trabalho — por que não compreendo isso? Será que eu não deveria pensar em quais áreas da minha vida ou para quais pessoas eu poderia ser o Número 1? E assim fazer valer meus anseios, em vez de tantas vezes deixá-los para um segundo plano?

Sempre o Número 1!

Ao contrário dos cães, não podemos ensinar os gatos. Podemos, sim, levá-los a obedecer algumas regras de comportamento bastante simples (não pular em cima da mesa e assim por diante), mas tentar fazê-los reagir a comandos como "senta!" ou "aqui!" é algo quase impossível! Félix sabe que existem algumas coisas que ele não deve fazer. Ele não tem nada o que procurar na mesa da cozinha ou no fogão, e tampouco o quero em cima da cômoda, onde estão meu aparelho de fax e meu telefone. Mas isso não significa que ele vá seguir essas regras. Mesmo assim ele parece ter consciência de culpa e logo pula de volta ao chão ao ouvir um enérgico "Félix, não!" O que ele faz quando eu não estou em casa? Bem, isso só ele sabe! Com tudo isso eu quero dizer: talvez devamos também nós examinar a fundo a nossa conduta: quantas coisas ou situações nós aceitamos, mesmo que contrariem a nossa natureza? Não preferiríamos fazer algo diferente — algo que seja o que realmente desejamos? Não deveríamos, quem sabe, alguma vez ser um pouco egoístas e fazer valer a nossa vontade?

Faça o que tem vontade

Volta e meia ouvimos que gatos sobrevivem a quedas de grandes alturas — por exemplo, quando caem da janela de um edifício. Eles fazem uma volta com o corpo no ar, de modo que aterrissam de pé, e isso amortece o seu peso. Se um gato morre em decorrência de uma queda, geralmente isso acontece de uma altura pouco elevada, pois eles acabam não tendo tempo de virar o corpo no ar. Por causa dessa habilidade dos gatos, "cair de pé" tornou-se até uma expressão idiomática. O que podemos aprender com isso? Bem, felizmente o risco de cairmos de uma janela ou de uma árvore é relativamente pequeno. Todavia, podemos "cair" de outros modos: eventualmente enfrentamos problemas no local de trabalho, na vida amorosa ou nos afundamos em dificuldades financeiras. E é nesses casos que devemos procurar cair de pé: ter claro para nós que nossos problemas não significam o fim do mundo e, quando acontecem, sempre há uma chance de nos reerguermos.

Caia sempre de pé

Pessoas que não têm simpatia por gatos costumam dizer que eles são traiçoeiros. No entanto, os gatos compartilham conosco, de maneira bastante nítida, o que querem ou sentem. Apenas eventualmente recorrem a artimanhas quando não alcançam um objetivo de imediato. Por exemplo, no quarto de meus pais há uma poltrona muito confortável, que é a favorita não só do meu pai, mas também do Félix. Se o papai está lá, confortavelmente sentado nela, Félix tenta chamar a atenção com miados bastante sonoros: "Agora é a minha vez de ficar na poltrona! Saia, levante!" Mas papai nem cogita lhe ceder o lugar. Então Félix muda a tática: ele faz de conta que não está mais interessado na poltrona. Como se quisesse ir pra fora, ele caminha até a porta que leva do quarto ao terraço, e começa a miar como se estivesse choramingando. Papai acaba sentindo pena do pobre gatinho e se levanta, com o intuito de abrir-lhe a porta que leva ao terraço. Mas, antes que qualquer coisa possa lhe passar pela cabeça, Félix rapidamente dá meia-volta e com um único pulo se põe em cima da poltrona, refestelando-se satisfeito (com ar triunfante), a ronronar sobre o lugar aquecido. Será que também nós não deveríamos buscar novas estratégias e possibilidades, quando não conseguimos alcançar um objetivo pela via direta?

Busque alternativas

Os gatos se interessam de fato por apenas três coisas: comer, dormir e brincar. Quando não são castrados ou esterilizados, também se interessam pela procriação. Na verdade, eles sabem o que é importante em sua vida. E entre nós, como isso se passa? Comer, dormir e se divertir são importantes para nós, isso é claro. Mas como é que, com tanta frequência, acabamos nos dividindo entre centenas de tarefas e atividades? Vejamos: você sai do trabalho, tem de pegar as roupas na lavanderia, procurar um presente para a sogra, fazer aquele telefonema que ficou devendo para a sua melhor amiga, ir à academia de ginástica, fazer as compras para o fim de semana, isso sem falar que também gostaria de pegar um cinema. E em meio a todas essas obrigações e ocupações, nós próprios, o nosso eu, com seus desejos e aspirações, acaba ficando à deriva. Devemos nos mirar no exemplo de nossos gatos e estabelecer prioridades claras: o que é realmente importante para nós em nossa vida, e o que podemos deixar de fazer?

Estabeleça prioridades

Era domingo por volta do meio-dia, eu estava preparando um peito de frango com arroz e molho agridoce. Lavava o arroz, enquanto Félix dormia feito um anjo, no banco da cozinha. Tirei o frango do congelador e o depositei na bancada — até aí, o gatinho não esboçava nenhuma reação. Desembalei a carne e comecei a cortá-la. Félix se achegou lentamente e olhou toda a cozinha em volta com um ar de quem não queria nada. E eis que então — mal tive tempo de virar as costas para colocar a panela no fogo, e Félix se levantou rapidamente, lancinante feito um raio, fincou uma de suas garras em um pedaço do peito de frango e deu no pé, orgulhoso de seu feito. De novo ele havia me enganado, com seu sono "profundo" e sua cara de inocente, aparecendo com o seu ar mais despretensioso. Ele tinha vestido sua cara de paisagem e se preparado para dar o bote. E quanto a nós? — Não deveríamos também nós, em alguns momentos de nossa vida, nos valer do efeito surpresa para chegar a nossos objetivos? Sair da mesmice e mostrar às pessoas de nosso convívio que ainda podemos agir de modo bem diferente e surpreendê-las?

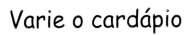

Varie o cardápio

Você é do tipo de pessoa que só segue a cabeça ou que ouve a intuição? Eu sou um tipo raro: sou tomada por uma sensação que de pronto me diz o que devo fazer. O problema é que, infelizmente, a cabeça sempre quer dar a última palavra. Por isso, pondero aqui e ali, e passo em revista todos os fatores que pesam contra ou a favor de uma questão. Só então, ao final de todo o processo, eu sei exatamente o que fazer — e era o que minha intuição dizia desde o início. Quanto tempo eu sempre torno a desperdiçar com ruminações e ponderações! Quantas vezes tenho enervado amigos e parentes com coisas do tipo "devo ou não devo?" E irrito a mim mesma porque simplesmente não consigo decidir. Félix simplesmente riria de tudo isso, pois um gato confia em seus instintos. Ante a ameaça do perigo, há uma única saída: fuja! E quando provocado, ele passa ao ataque — não há nenhum tipo de lamúria do tipo "e se o outro gato for mais forte do que eu?" E se eu finalmente aprendesse a confiar em meus instintos e em minhas emoções?

Ouça a intuição

Félix dorme muito e gosta de fazer isso em sua almofada preferida, na sala de estar. Muitas vezes ele dorme profundamente, mas na maioria dos casos tem um sono leve e superficial. É como se ele estivesse longe, na terra dos sonhos, e no entanto nada lhe escapa no mundo real. "Mamãe foi até a cozinha? Será que ela vai trazer algo para eu comer? Vamos prestar atenção, ver se abre a porta da geladeira." Esses são pensamentos que podem lhe ocorrer. É claro que as origens dessa contínua vigília não é o barulho da porta da geladeira se abrindo, mas os perigos a que estão expostos os gatos selvagens. Durante o sono, em momento algum eles se sentem plenamente seguros. Por isso mantêm sempre um olho aberto. Já eu me sinto sempre segura de tudo em minha vida, mas quem pode garantir que sempre vai ser assim? Eu também não deveria ter sempre um olho aberto e ficar sempre pronta para as mudanças?

Fique sempre de olho

Existe um ditado que diz "a curiosidade matou o gato". E de fato, a curiosidade já deixou muitos gatos numa enrascada: muitos deles se escondem em malas e partem para viagens involuntárias, ou então se enfiam numa gaveta e têm que passar ali o fim de semana, enquanto a família curte o feriado. Felizmente, Félix não passou por nenhuma aventura desse tipo, mas ele sente necessidade de enfiar o seu pequeno focinho em tudo. Uma caixa no caminho? Pois ele precisa se meter dentro dela. Tem um marceneiro ou encanador trabalhando em casa? É claro que a rotina de trabalho tem de ser minuciosamente investigada. No jardim ele já meteu o bedelho até no que não podia — inclusive na abelha que lhe picou o nariz. E quanto a mim, como anda a minha curiosidade? Certo, não me refiro a pôr o nariz em assuntos que não me dizem respeito, mas a curiosidade pode sempre ser algo positivo: ora experimentar algo novo, ora fazer algo que nunca fiz, ou simplesmente ousar dar um passo rumo ao desconhecido. Há sempre muito para se descobrir neste mundo!

Nunca perca a curiosidade

Como todos os gatos, Félix têm garras, as quais ele — para a minha infelicidade — sempre gosta de afiar no meu sofá ou na minha estante de livros. Não sei por que fui investir meu suado dinheirinho em um arranhador. A verdade é que os gatos fazem o que bem entendem, e não vão deixar se seduzir por um tronco artificial se puderem se servir de um belo e bom sofá. Felizmente é muito raro Félix usar essas garras contra mim. Ele não me arranha nem me ataca. Às vezes eu o incomodo um pouco, dou-lhe um chamego, mesmo sabendo que ele sempre vai preferir escolher o momento em que será acariciado. Ou então ignoro os sinais com os quais ele me mostra que é hora de a brincadeira acabar. Ou quando tiro dele um brinquedo com o qual ele se ocupava tão prazerosamente. É aí que ele me acerta um ou mais golpes com as patas, ou mesmo com as unhas — o que é para mim uma experiência dolorosa. Com isso, Félix deixa bem clara a sua posição: "Não quero saber disso — me deixe em paz!" Fico pensando em meu caso: não faria bem eu volta e meia botar minhas garras para fora, quando estou cansada de uma situação? Por que fico rindo amarelo diante de uma coisa que não me agrada?

Mostre as garras

Uma vez por ano apanho a caixa de transporte no porão e, com algum estratagema traiçoeiro, ponho lá dentro o meu gatinho, que esperneia e se contorce vigorosamente. Félix bem sabe que aquilo não é nada bom: ele está indo ao veterinário — o que não o agrada nem um pouco. Mesmo assim ele suporta a visita ao doutor, e, de volta, lá estamos nós de novo entre nossas quatro paredes, com todo o sofrimento deixado para trás. Félix devora a sua ração mais uma vez, tira o cheiro de veterinário de toda a sua pelagem e, para se recuperar do cansaço, vem se deitar em meu colo, satisfeito e ronronando. Sua confiança em mim não conhece limites, e não há nem sinal de rancor ou censura. Quando, por acidente, eu piso em uma de suas patinhas, ele dá um miado alto e bastante breve, recolhe-se assustado e dali a dez segundos está de novo se enrolando entre minhas pernas. E se um dia chego mais tarde em casa, não o encontro sentado de braços cruzados na cama com acusações do tipo "onde você andou até essa hora?" Não. Félix fica me esperando na porta, vem ronronando se acariciar entre minhas pernas e me cumprimenta roçando a cabecinha. Ele simplesmente se sente feliz por eu estar ali, e demonstra isso!

Não guarde rancor

Félix não fica pensando em sua aparência ou em como ele poderia mudar seu modo de agir. Se já é a terceira vez em poucas horas que ele sente fome, ainda assim vem pedir algo para comer. Não tem medo de engordar nem de passar por guloso. Se acontece de, após uma excitante expedição por debaixo da minha cama, ele sair com a pelagem cheia de pó, para ele tanto faz. Ele é simples assim, é como é — e sabe que é exatamente desse modo que é amado por mim.

Seja simplesmente você mesmo

O que se passa com Félix quando ele se senta na frente da toca de um rato? Será que ele pensa: "Vou apanhar esse rato ou não vou? Tão logo eu o surpreenda, o pobre ratinho estará morto, e talvez mamãe venha ralhar comigo. Agora, não apanhá-lo — isso significaria desperdiçar esta esplêndida experiência de caça, o que está fora de questão. Logo, é pegar ou pegar. Mas como posso fazer isso da melhor maneira possível? Quando ele sair da toca, pulo em cima dele rápido feito um raio. Daí posso dar uma relaxada...". De antemão vou concordar que eu não posso saber se Félix fica mesmo pensando mil coisas quando está diante da toca do rato, ponderando os prós e os contras de sua ação. No entanto, eu posso imaginar. Gatos não ficam pensando — eles simplesmente agem!

Parta para a ação

Algum dia você já tentou prender o seu gato na coleira? Não perca tempo! Até hoje sinto peso na consciência, mas tenho de admitir: na condição de mãe de gato superprotetora, em hipótese nenhuma eu queria deixar que Félix fosse para fora sozinho, e por isso ousei fazer o experimento de lhe colocar uma coleira. Resultado? Um gato contrariado e a dona do gato tendo de subir num pinheiro para soltar a guia que se emaranhara ali. Foi nossa primeira e última tentativa com a coleira, e ainda hoje vejo diante de mim aquela expressão de escárnio, já que ele parecia me dizer: "Ah, faça-me o favor, eu não sou cachorro!" Gatos não se deixam prender na coleira, eles não vêm quando queremos que venham e não permitem coisa alguma que limite a sua liberdade. E você?

Não deixe que o prendam
numa coleira